I libri a quattro zampe

Un bassotto per amico - Dora Zuccarello -
I edizione aprile 2021
© **Copyright**. Tutti i diritti riservati
Illustrazioni di Serena Candoli e Virginia Verona

DORA ZUCCARELLO

UN BASSOTTO PER AMICO
Diario di una padrona imperfetta

Dora Zuccarello, è laureata in Sociologia, con un Master di specializzazione in Criminologia. Futura HR Manager, collabora con un'agenzia investigativa. La sua passione per i bassotti è diventata una vera e propria scelta di vita. Questo è il suo primo libro.

*Marisa Tassinari,
una grande donna.*

Introduzione

Quando sono entrata per la prima volta nell'allevamento *La stella di sale,* di Marisa Tassinari, ho respirato subito una sana armonia, professionalità e tanto tanto amore. Ero un po' tesa e non sapevo bene come approcciare a questa donna molto gentile che si occupava di gestire una realtà così nuova per me. Non dimenticherò mai quel giorno. Mentre la vedevo avanzare verso di me con un meraviglioso cucciolo, la prima cosa che ho pensato è stata "Cosa le dirò?" Come riuscirò a tenere tra le braccia quel piccolo esserino? Neanche il tempo di finire di pensare che l'immagine di una nocciolina con le orecchi mi ha conquistato il cuore.
Quello era Brando.
Ad un tratto tutte le mie ansie sono sparite e al loro posto si è scatenata, tutta insieme, solo una miriade di emozioni fortissime.
Ancora non lo sapevo, ma da quel momento la mia vita sarebbe cambiata per sempre. Precisamente un anno dopo è arrivato Leopoldo e il mio cuore è esploso di felicità.
Il mio ringraziamento va a Marisa per il semplice fatto che sono davvero pochi quelli

che sanno fare bene un lavoro di questo tipo, soprattutto perché la nota più importante che lei riesce a far scaturire nel cuore di ognuno, è quella che fa risuonare il vero amore.

Prefazione

Quand'è arrivato Brando nella mia vita mi sono sentita la persona più fortunata del mondo. Quella creatura delicata, con quello sguardo così dolce e penetrante, mi ha fatta crescere in un secondo.
Da un momento all'altro sono diventata il suo punto di riferimento e ho capito che sarebbe stata "fortunatamente" mia la responsabilità di fare in modo che crescesse nella maniera migliore.
Così mi sono armata di molta pazienza e di tanti libri che mi spiegavano cosa sarebbe stato giusto fare e cosa invece no.
Come farlo stare seduto, in che modo abituarlo al guinzaglio etc. E poi? E poi ho capito che questo non mi bastava.
Volevo andare a fondo, capire le sue espressioni, i suoi modi di guardarmi, il perché approcciasse in un certo modo con alcuni giochi.
Volevo imparare a conoscerlo veramente e a trecentosessanta gradi. I mesi passavamo e io mi sentivo sempre più una persona migliore.

Avevo lui al mio fianco, e bastava nulla per capirci, anche solo uno sguardo.
Nel frattempo, continuavo a leggere libri che mi spiegassero quello che stavo cercando, ma non li trovavo…
Da quel giorno di tempo ne è passato, e, nonostante mi continui a sentire una padrona imperfetta, ho deciso di raccogliere tutto quello che ho imparato qui dentro, sperando che a qualcuno, che come me ha deciso di condividere la sua vita con un Bassotto, possa tornare utile.

Il 50% del ricavato delle vendite andrà all'associazione Cuor di Pelo - Rescue Bassotti Onlus, per aiutare i nani più bisognosi ♥

Capitolo 1

CHI È IL BASSOTTO

UN PÒ DI STORIA

Nel 2006 nelle catacombe di Soqqara, e dai racconti fatti sembra non fosse stata una scoperta facile, un gruppo di archeologi trovò i resti mummificati di cani simili ai bassotti deposti all'interno di tipiche urne funerarie.
Fu un'importante traccia storica per l'American University del Cairo.
Questa razza era molto apprezzata nel XVIII dinastia egizia sotto il regno del Faraone Thutmose III (1481 – 1425 a.C), tanto che in un monumento che lo raffigurava erano presenti insieme a lui anche dei bassotti accompagnati da un'iscrizione geroglifica che si leggeva come *Tekal* o *Tekar* (che vuol dire fuoco o coraggio).
Dall'Egitto il Bassotto si spostò altrove, dato che la regina Cleopatra ne portò alcuni esemplari con lei quando si recò a Roma nel 46 a.C.

Dai tempi dei Faraoni fino al Medioevo il Bassotto era molto apprezzato per la caccia. Un grande amore per questi cagnolini lo ebbe anche, e ne abbiamo traccia storica, Maria Rodriguez de Villalobos, moglie del vassallo prediletto del re Alfonso IV del Portogallo. Il sepolcro della nobildonna, che si trova nella cattedrale di Lisbona, raffigura proprio quattro di questi cani lungo un lato della tomba.
Riuscire a stabilire le origini precise della razza di un cane sappiamo però che alcune volte può risultare essere abbastanza complicato.
Questo perché prima che venisse istituito il Registro delle Razze, sono stati molti i motivi che hanno dato vita ad incroci e mutazioni genetiche.
Come studi importanti relativi proprio alla razza del Bassotto, ricordiamo quelli fatti rispettivamente da W. Tschudy con l'opera "Storia del cane" (Berna 1926) e Jacques du Fouilloux che con "La Vénerie" (1561) ha illustrato ogni singola razza del suo tempo. Entrambi gli autori, seppur in secoli differenti, analizzano la linea d'origine partendo dall'uso finalizzato alla caccia che si faceva di questi cani, e in particolare dei segugi.

Fin dall'antichità questi piccoli cani si rivelarono come i migliori per accompagnare e spesso guidare l'uomo in questa attività.

Il legame che si è creato fin dall'inizio tra l'uomo e questo cane si è basato subito proprio sul mutuo soccorso, ossia l'uomo utilizzava il cane per cacciare, e la ricompensa finale che ne veniva, era una buona qualità di vita per l'animale.

Potremmo dire che l'addestramento ha quasi origine dal rapporto che si è andato creando attraverso l'insegnamento continuo, all'utilizzo di un atavico istinto predatorio che invece si rifletteva in una consegna della selvaggina in cambio di cibo e di cure.

Sappiamo comunque che la tradizione vuole fortemente addebitare ad un gruppo di esperti allevatori tedeschi l'albero genealogico effettivo di questi particolari cagnolini.

La stessa Regina Vittoria nella vecchia Inghilterra aveva una smisurata passione per i suoi piccoli compagni. Suo marito (nonché suo cugino) il principe tedesco Alberto di Sassonia, durante il loro viaggio di nozze in baviera, le regalò un bassotto che chiamarono Deckel e che diede il via alla razza canina imperiale per eccellenza.

Non esisteva ancora nessuna federazione cinofila ufficiale in Inghilterra (creata solo in seguito), ma sappiamo che questo fu il primo di una lunga serie di bassotti che la nobiltà britannica adottò poi come cani ufficiali. Deckel era il parente più importante nella genealogia canina del famoso Waldemar VI, il bassotto a cui la regina Vittoria fu più legata in assoluto, (facciamo riferimento al *canis familiaris palustris* tedesco di cui già ci parlava nella sua opera Tschudy).

Il primo club dedicato al Bassotto fu istituito nel 1888 proprio in Germania, con il riconoscimento ufficiale, per la prima volta, di uno specifico pedigree. Qui per le sue innate doti di segugio miste al tipico carattere del Terrier veniva allevato, educato e utilizzato esclusivamente per la caccia.

Vi farà quindi un certo effetto pensare che non siete i soli a vedere in questo piccolo cagnolino la potenza e la maestà a volta donatagli generosamente dallo sguardo amorevole di re, regine ed imperatori, caduti davanti al fascino di un amico non solo di giochi dalle grandi capacità intuitive ed olfattive. Parola di Napoleone Bonaparte.

PICCOLE CURIOSITÀ STORICHE

Guglielmo II re di Prussia e Germania, ultimo imperatore tedesco sappiamo che era un grande appassionato di bassotti e che ne aveva due particolarmente famosi per il loro carattere da veri cacciatori, i loro nomi erano Wadl e Hexl.
Furono decisivi questi due cagnolini durante un importante incontro diplomatico che si tenne nel giugno del 1914 nella tenuta in Boemia del re austro-ungarico Francesco Ferdinando d'Asburgo.
Il re Ferdinando a sua volta aveva una passione tutta speciale per i volatili, soprattutto quelli rari. Nei giardini della sua tenuta era solito muoversi liberamente uno dei suoi fagiani dorati, esemplare rarissimo e tra tutte le specie quella dal re prediletta. Fu un colpo durissimo quando scoprì che in pochi minuti, Wadl e Hexl lo avevano attaccato e ucciso.
Molti non sanno che questo episodio rischiò di creare una vera e propria crisi diplomatica.
Poco tempo dopo Francesco Ferdinando fu assassinato e questo diede il via alla Prima Guerra Mondiale.

I BASSOTTI E IL MONDO DELL'ARTE.
DA ANDY WARHOL A PICASSO

Cechov, il grande scrittore russo, fu uno dei grandi estimatori di bassotti del mondo letterario. Quando la fortuna e la fama bussarono alle porte della sua vita, decise di investirle nell'acquisto di una grande villa a Melichovo. Per inaugurare la casa, come segno di amicizia, gli furono regalati dall'amico Nikolai Leikin, due cuccioli di bassotti.
Cechov li portò con sé nella grande tenuta.
Fu sua sorella, Maria, che lavorava già come medico, a scegliere i nomi per i due piccoli nuovi arrivati. Avendo sempre in borsa per l'occorrenza e come pronto soccorso, alcune medicine, decise di dare ad entrambi due nomi che le ricordassero e che fossero quindi anche stravaganti. Fu così che nacquero Brom (da bromuro) e Khina (da chinino). Alla loro morte il grande letterato russo fece erigere un monumento tutt'ora presente nella villa di Melichovo, che li rappresenta in posa davanti ad un grande cappello (metafora della presenza dello scrittore).
Il mondo dell'arte ha visto nel bassotto un dinamico protagonista della vita dei grandi Maestri. Andy Warhol era ad esempio talmente legato al suo Archie, un bassottino a pelo raso, che lo portava sempre con sé ogni

qualvolta c'era un'importante intervista. E quando alcune domande non erano proprio di suo gradimento Andy si rivolgeva al cagnolino chiedendogli di rispondere al posto suo. Picasso ebbe un rapporto quasi simbiotico con il cucciolo Lump, che lo accompagnò fedele fino alla fine dei suoi giorni, morendo subito dopo la scomparsa del grande pittore, resistendo alla sua perdita solo per dieci giorni.

Il fotografo e grande amico di Picasso, David Douglas Duncan, immortalò questa amorosa amicizia in un'opera fotografica unica dal titolo "L'odissea di un bassotto". I quadri e le opere di questi importanti artisti restano come testimonianza di amore eterno.

Lo stesso Jeff Koons deve il suo grande successo ad una scultura di un bassotto fatta con settantamila fiori e posta davanti al Guggenheim di Bilbao.

In Germania, dove il Bassotto è un'istituzione, è stato anche inaugurato un museo dedicato interamente a questi cagnolini.

Il Dackelmuseum di Passau è un'esperienza unica da fare.

All'interno sono ospitati oltre cinquemila dipinti, libri, sculture tematiche e cimeli unici.

Il primo bassotto ad essere immortalato sulla copertina di una rivista di moda fu quello illustrato per Vogue House nel marzo del 1917.
Il modello a cui fu ispirata si chiamava Alan ed era la piccola mascotte della redazione, un bassotto.

ORIGINE DEL NOME

Il vero nome del Bassotto è Teckel o Dackel, ma c'è anche chi lo lega alla terminologia Dachshund, termine tedesco nato dalla fusione delle parole Dachs (tasso) e Hund (cane). Questo perché in origine veniva impiegato per stanare proprio questi tipici animaletti.

Capitolo 2

COME SCEGLIERLO

LE TRE TIPOLOGIE DI STATURA

Basta guardarlo.
È più lungo che alto e le sue zampe sono davvero corte, il muso è allungato ma la coda segue in maniera perfetta la linea della schiena anche se non è troppo lunga.
Le sue dimensioni cambiano in base alla tipologia della razza. L'altezza comunque varia tra i venti e i venticinque centimetri. La circonferenza del suo piccolo torace si aggira sempre intorno ai trenta centimetri. Il suo peso anche è un po' variabile a seconda della tipologia. Ad esempio, un **Bassotto Kaninchen**, che rappresenta la dimensione mini, non raggiunge in lunghezza i venti centimetri e il suo peso è massimo di cinque chilogrammi.
Il Teckel invece, o **Bassotto nano**, ha delle dimensioni completamente diverse, con un torace più grande (circa trentacinque

centimetri) e un peso che può arrivare anche a sette chilogrammi.

La tipologia più grande è quella invece del Bassotto **Standard,** che può raggiungere anche i quindici chilogrammi con una lunghezza del corpo anche di mezzo metro.

Il carattere storico di questi cagnolini affonda le sue radici anche nella metodologia con cui sono da sempre stati allevati.

Con un obiettivo doppio, ossia quello di essere un saldo e valido aiuto nella caccia e poi per la compagnia unica dovuta al carattere giocherellone.

Eppure, le sue coordinate fisiche sono caratteristiche proprio per queste due specialità.

La testa è leggera e allungata, questo perché il Bassotto è specializzato nello stanare non solo animaletti che costruiscono la propria tana, ma anche per localizzare i tartufi.

Le orecchie hanno un'attaccatura molto alta ma sono piatte e con un lato che tocca sempre la guancia. I suoi occhi sono vivaci e di forma un po' allungata. Questa caratteristica dello sguardo per la forma è attribuibile ad un immediato sentimento di empatia. Infatti, questi cani si dice che parlino con gli occhi molto più degli altri.

La parte alta del corpo si allunga verso un collo che dona un'inclinazione quasi regale al portamento benché le zampe siano corte e sproporzionate. Non facciamoci depistare però da questa mancanza di altezza. Le zampe del bassotto hanno muscoli molto potenti e sono capaci di inseguire per lunghi scatti una preda dimostrando grande resistenza.
Il Bassotto è un cane coraggioso, lo è di natura, e nessuna sfida lo spaventa, per questo motivo non dobbiamo guardare alle sue dimensioni ma soprattutto al modo con cui si relaziona con un mondo davvero molto, ma molto più grande di lui.

PELO E COLORAZIONI

I colori del Bassotto sono diversi a seconda della tipologia. Le varianti all'interno delle quali si muove la razza sono cinque:
Unicolore
Bicolore
Arlecchino
Foglia secca
Color cinghiale
Mentre il Bassotto a pelo lungo risulta avere solo tre tonalità diverse, Fulvo, Nero e Arlecchino, quello con più varietà di colori è sicuramente il Bassotto a pelo duro (Arlecchino, Foglia secca, tigrato, Color cinghiale, Nero e Fulvo).
Il Bassotto Cioccolato è stato per molto tempo esclusività solo degli americani. In Europa era praticamente introvabile.
Solo da una quindicina d'anni è possibile averlo anche in Italia.
Il Bassotto dalmata è anche una rarità.
La natura di questi cagnolini dona spesso un manto bianco con delle macchioline nere e un muso completamente scuro e diverso nella tonalità. Un altro nome per questo cagnolino così particolare è Bassotto Bianco.

Il pelo del bassotto varia a seconda della tipologia del cane. Avremo così:
Bassotto a pelo corto
Bassotto a pelo duro
Bassotto a pelo lungo
La varietà a pelo corto è quella che conosciamo di più e che la identifica con questa razza di cani. Dal Signor Bonaventura, celebre personaggio illustrato negli anni Venti da Sergio Tofano, che se ne andava in giro con il suo bassottino a pelo corto fino ai cagnolini icona di Harmont & Blaine celebre marchio italiano, il bassottino nero con il suo bel pelo liscio è la prima immagine che viene in mente quando si parla di questa razza.
Il pelo corto è normalmente molto ben aderente al piccolo corpo, è forte e liscio.
Quello a pelo duro è caratterizzato da una serie di tipologie di pelo presenti e compatte in alcuni punti del corpo.
Ad esempio, sul musetto noteremo che il pelo va a formare una barba abbastanza evidente così come sulla zona delle sopracciglia che appaiono belle folte. A differenza delle altre parti il punto delle orecchie è praticamente quasi del tutto liscio.
La varietà pelo lungo presenta sempre uno strato liscio sul manto esterno mentre i punti in

cui è più lungo è sotto il collo, sulle orecchie, la coda e la parte posteriore delle zampe.

Per quel che riguarda il manto del Bassotto, come tutte le altre razze, muta anche questo ma con un ricambio del pelo più evidente in determinati momenti dell'anno.

La buona abitudine di spazzolarlo servirà anche per contrastare il piccolo inconveniente di ritrovarsi peli un po' dovunque.

Sia il Bassotto a pelo lungo che quello a pelo corto vogliono comunque una cura costante del loro manto. Il pelo ha bisogno di essere districato almeno un paio di volte alla settimana, come minimo, soprattutto quando il pelo è lungo.

Nei casi di Bassotti a pelo duro, la tecnica dello stripping apporterà notevoli giovamenti alla qualità del manto che si rigenererà in maniera notevole.

Per questa modalità è sempre comunque importante rivolgersi a mani esperte.

Quello che si può fare a casa è spazzolarlo con grande dolcezza e dopo passare, nel caso, un piccolo panno di daino bagnato con un po' di acqua e aceto per fare in modo che abbia più lucentezza.

Non dimentichiamoci mai che è anche e soprattutto una buona alimentazione la base principale su cui si fonda il benessere estetico del nostro cagnolino. Un pelo luminoso vorrà dire una sana dieta e un'attività all'aria aperta costante.

Il bagnetto è comunque un'operazione da non ripetere troppo spesso, ogni tre mesi sarà più che sufficiente, in quanto il Ph della loro pelle è molto delicato, ed è importante che lo strato di grasso che li ricopre sia sempre presente nella giusta proporzione per una buona difesa dagli agenti esterni.

Va controllata comunque sempre la pulizia delle orecchie e degli occhi che devono essere liberi da muco o incrostazioni. Anche i dentini vogliono la loro parte di cure e un osso al fluoro sarà un'ottima soluzione. Le unghie di un bassotto vanno tenute sempre corte, basterà una tronchesina e il gioco è fatto.

CARATTERE E TEMPERAMENTO

Che adori il divano è risaputo e indiscusso. Può starci sdraiato per interminabili momenti ma sempre perché il suo padrone ha deciso di fare la stessa cosa. Come riesce a condividere empaticamente le emozioni e gli stati d'animo il bassotto, non lo sa fare nessun altro. Non fatevi però troppo ingannare. Qui non si tratta solo di un amico perfetto con cui condividere il salotto, ma di un vero e proprio compagno

di giochi e spesse volte anche abbastanza "energici"!

Il carattere di questi deliziosi cagnolini è iperdinamico, energico, allegro e pronto sempre per ogni genere di avventura che il suo padrone decide di intraprendere.

E allora via alle corse senza sosta per i parchi, inseguimenti di palline, sfrenate gare tra l'erba del bosco. Tutto lo riporterà alla sua atavica origine di fine e astuto cacciatore impegnato nello stanare prede anche immaginarie.

Il carattere del Bassotto è il risultato di anni di selezione fatta per poter realizzare nella sua struttura un perfetto e astuto aiutante da caccia, con un'indole adatta a questa esigenza. Il coraggio è la sua prima dote caratteriale seguita da una grande indipendenza e una combattività alcune volte sorprendente. Il Bassotto è un cane molto fedele ed è consapevole del rapporto e del ruolo che lo lega al suo padrone. Sa quando essere pronto al comando e come rispondere in maniera reattiva l momento giusto. Ognuna di queste sue qualità, perché è così che vogliamo definirle, si è da sempre sposata con lo storico rapporto che il bassotto ha avuto con il mondo della caccia. Questo perché al padrone durante una battuta è importante

dimostrare totale fedeltà e ottima risposta ad ogni comando da eseguire. La forte indipendenza e il coraggio lo rendono autonomo di fronte a decisioni istintive da prendere una volta trovatosi di fronte alla preda o ad una tana. La velocità nel rispondere alle esigenze della situazione lo porta a comportarsi nella maniera sempre giusta in totale autonomia. Il Bassotto può esser in grado di gestire anche imprevisti durante un'azione ben precisa.
E vogliamo sottolineare ancora una volta il coraggio di questo cane di taglia così minuta, perché di fronte a prede magari selvatiche e molto più grandi di lui non si tira mai indietro. Questa sua indole così energica si esprime perfettamente anche durante la sua giornata quotidiana, soprattutto nel gioco, nel proteggere la casa del suo padrone e nel fiutare il pericolo sempre restando un allegro compagno pronto a condividere tutto quello che fa parte della vita.
Quello che però è giusto ricordare è che il bassotto è un cane davvero buono e con una docilità insita che lo rende a volte irresistibile, questo però non gli vieta di essere un gran testardo.

Questa caratteristica caratteriale nasce proprio dalla forte indipendenza che lo contraddistingue. Il padrone ideale per lui sarà sicuramente quello che gli permetterà di esprimere appieno le sue peculiarità, sia fuori che dentro casa. Essendo un cane dall'ottimo fiuto va educato però a non allontanarsi troppo da casa e dal suo padrone. Va educato sempre ad una buona socializzazione con gli altri cani anche perché spesso, non temendo il pericolo ed essendo molto caparbio si butta nella mischia anche quando si tratta di taglie molto più grandi della sua.

La sua intelligenza a volte può trasformarsi in vera e propria permalosità, è quindi molto saggio non cercare di fargli dei dispetti, non li ama particolarmente. È un amico attento e geloso della sua famiglia umana. Spesso può darsi da solo degli incarichi che comunque riguardano sempre la cura per il proprio territorio e la salvaguardia di chi gli sta intorno. Non vuole però che si ecceda con le intrusioni nella sua privacy. Il Bassotto vuole conservare la sua indipendenza anche in questo, attenzione quindi a leggere i segni di insofferenza quando si sorpassa la linea. Va comunque sempre educato all'obbedienza, perché questo suo carattere a volte può renderlo ribelle se si abitua nella maniera sbagliata. Attenzione quindi anche a tutta una serie di capricci che mette in atto pensando che si tratti di un diritto che gli spetta il fare una determinata cosa. Sarà lo sguardo attento del padrone e la sua irremovibilità a far tornare ognuno nei propri ruoli.

Capitolo 3

IL PEDIGREE

Family history

PERCHÉ È IMPORTANTE

Il pedigree è il certificato che attesta una iscrizione ufficiale ai libri genealogici. È un documento fondamentale perché riporta la reale appartenenza di un cane ad una specifica e pura razza.
Così come noi abbiamo il nostro documento d'identità, questo vale anche per il bassotto che avrà un suo foglio di riconoscimento di discendenza e linearità con la sua esatta provenienza.
In Italia esiste L'Enci, che è l'Ente Nazionale di Cinofilia italiana che si occupa proprio dell'iter burocratico di iscrizione del nostro cucciolo di bassotto ad un determinato albero genealogico.
Attraverso il certificato di appartenenza, pedigree, il cane può essere iscritto al ROI, ossia il Registro Origini Italiano.
Nel momento in cui decidiamo di richiedere il pedigree, all'allevatore di riferimento o al privato che gestisce la cucciolata, dovrà compilare due moduli (A e B). Il modulo A serve per riportare le caratteristiche temporali dell'accoppiamento (quando è accaduto per

la femmina e con quale tipologia di maschio) e anche i rispettivi pedigree dei due genitori, con iscrizione al ROI. Il modulo A andrà poi consegnato a chi di competenza entro il venticinquesimo giorno dalla nascita del cucciolo. Il modulo B invece è più specifico perché deve indicare oltre al nome del proprietario e del suo cucciolo, anche il colore e la tipologia del mantello, se è stato inserito il microchip (per l'obbligo di legge contro il randagismo), e deve essere consegnato dopo il terzo mese dalla nascita con certificato firmato dal veterinario di competenza.

Il pedigree è quindi sempre molto importante perché nell'eventualità che il cane cambi padrone sarà sempre visibile tutto l'iter anagrafico e di discendenza.

ASSICURAZIONE E PICCOLI INFORTUNI

Avere un cane, e in questo caso un meraviglioso Bassotto, che sia cucciolo o poco più grande, prevede, oltre ad una carica d'affetto imprecisabile da donargli, anche una reale e seria responsabilità civile.

Un cane non è mai un interrogativo, ma spesse volte può diventarlo a causa di una non adatta educazione impartitagli dal suo padrone che di conseguenza può arrecare inavvertitamente problemi a terzi non indifferenti.

Inoltre, un cucciolo va ad arricchire, oltre alle nostre vite, anche il bilancio mensile per le spese continue dovute alle visite dal veterinario di fiducia, agli alimenti scelti, ai giochini vari, il suo vestiario dedicato e anche per gli interventi magari d'urgenza che piovono a volte nella maniera più inattesa.

Per mettere tutto sotto la protezione di un significativo "cappello" assicurativo possiamo stipulare una polizza per il nostro amico a quattro zampe.

Così avremo una copertura oltre che per lui anche per noi stessi.

Ogni padrone è legalmente responsabile del proprio cane, questo porta a comprendere l'importanza di stipulare una polizza assicurativa in maniera tale da essere in linea con le indicazioni del Ministero del lavoro della Salute e delle Politiche Sociali, che prevede che per tutte le tipologie di razze canine valga comunque la piena partecipazione dei padroni ad attenersi ai decreti pubblicati. Non essendoci più la lista che prevedeva l'inclusione solo delle razze più pericolose e quindi la loro successiva e obbligatoria registrazione a polizze specifiche, oggi è consigliato a tutti i cittadini che decidono di prendere un cane di seguire le regole, proteggendo la comunità e di conseguenza loro stessi. Ogni cane per il quale si deciderà di sottoscrivere un'assicurazione dovrà naturalmente essere sempre provvisto di microchip e libretto sanitario firmato dal veterinario.

Questa però non è solo una protezione nel caso in cui il nostro compagno a quattro zampe dovesse provocar danni a terzi, ma nel caso del Bassotto, una vera soluzione ai costi alcune volte elevati per le speciali cure mediche a cui può andare incontro.

La polizza che andremo a scegliere dovrà però soddisfare delle peculiarità imprescindibili che fanno di un'assicurazione un ottimo investimento per una tutela a copertura completa. Sarà quindi una buona idea visionare prima i prospetti informativi per captare quelle che sono le reali risposte alle esigenze del padrone e del suo cucciolo.

Dovremo quindi leggere attentamente e valutare in base a dei punti che dovrebbero essere fondamentali e presenti nel prospetto, come ad esempio un servizio di assistenza veterinaria h24. La possibilità di parlare con un operatore esperto che ci indichi le farmacie specializzate all'occorrenza e le cliniche, oltre a possibilità di spostamento in viaggio con indice dei luoghi pet-friendly dove poterci recare senza alcun problema dovrebbe essere alla base della qualità assicurativa offerta.

TUTELARSI DAGLI IMPREVISTI

Il Bassotto è un cane forte e molto attivo ma geneticamente è predisposto per alcune patologie alle quali va prestata attenzione e non soltanto in relazione al suo piano assicurativo di protezione infortuni.
La prima nota delicata di questo cagnolino è la tendenza alle discopatie, con una fragilità che diventa sempre più evidente nel tempo, dei dischi della spina dorsale che perdendo calcio tendono ad uscire dalla loro postazione e a formare ernie comprimendo poi il midollo.
Il trattamento di questa patologia prevede due differenti e possibili soluzioni, il riposo assoluto o l'intervento chirurgico mirato.
Per fare in modo che il nostro bassotto non sviluppi precocemente questa malattia, possiamo impegnarci affinchè il suo stile di vita sia sempre attivo ed energico e l'alimentazione ben bilanciata per non incorrere in un'obesità che potrebbe aggravare la situazione con un eccessivo carico.
È sempre meglio evitare quindi che durante la sua giornata il Bassotto sia costretto a ricoprire

tragitti arredati con scale ripide a gradini alti perché questi potrebbero ripercuotersi e danneggiare le parti adibite ad ammortizzatori del sistema vertebrale.

Un'altra predisposizione genetica di questo cagnolino che può essere tenuta sotto controllo, è quella della distrofia ella retina (CRD) che si manifesta spesso in maniera molto precoce e soprattutto nei primi sei mesi di vita del cucciolo.

Già all'interno dell'allevamento e nel primo periodo di vita è possibile procedere ad una serie di screening sui bassotti che si accoppieranno per capire, attraverso una visita oculistica specifica, se ci sono tracce della patologia. Negli ultimi anni sono stati realizzati alcuni test genetici espressamente progettati per questa razza, che sono in grado di valutare subito la presenza di patologie retiniche genetiche, anche in portatori sani. I controlli del nostro bassotto saranno comunque sempre continui per tutelare in generale il suo stato di salute.

La parte più importante va comunque data all'alimentazione, base fondamentale per prevenire molte delle patologie a cui va soggetto un Bassotto.

Una corretta alimentazione è forse il metodo più economico in assoluto per prevenire imprevisti legati alla sua salute.

La scelta di cibi di buona qualità sarà il primo passo, collegata poi al giusto bilanciamento degli spuntini fuori pasto.

Un Bassotto sovrappeso avrà un'aspettativa di vita inferiore di quattro anni rispetto alla media della sua razza.

I chili di troppo faranno leva sulla colonna vertebrale e sulle giunture articolari delle zampe.

È chiaro che l'alimentazione sarà collegata strettamente alla frequenza dell'attività fisica del cagnolino e alla sua età.

Mentre i cuccioli e quelli più giovani hanno un costante bisogno di muoversi e di conseguenza di assimilare energie sotto forma di pasti adatti, gli adulti avranno diverse necessità anche se muscolature più forti e forma perfetta.

Può capitare però che diventino dopo i quattro anni un po' più pigri, ma questo si risolve con una buona abitudine alla passeggiata più volte al giorno con il proprio padrone.

Questo è un momento molto importante da dedicare alla sua educazione e anche all'osservazione

Un cane che passeggia è un cane che socializza e questo lo rende aperto a più situazioni e ne modifica in parte il carattere che invece tenderebbe ad essere più schivo se abituato solo a televisore e divano, soluzione che non fa bene a nessuna razza, nemmeno a quella umana.

Capitolo 4

TARTUFO HUNTER

@leopoldo_dachshund

STORIA DI UN VERO CACCIATORE

Lo abbiamo capito, il Bassotto è un vero cacciatore.
È la sua natura, quella forte indole, che gli viene da linee genealogiche di razza, utilizzate nel tempo con il fine principale di accompagnare l'uomo nelle sue battute boschive.
Le sue doti venatorie sul terreno sono di tutto rispetto.
Il Bassotto ha un istinto da intraprendente maestro del fiuto. La sua natura e il suo carattere sono da sempre stati impiegati nello specifico per la caccia in tana, in particolare in riferimento alla volpe, e ai tassi, che questo intrepido cagnolino fiuta in una maniera unica e con una velocità che entusiasma.
Quello che è importante sottolineare, quando parliamo del rapporto tra il Bassotto e il suo padrone è la linea di demarcazione tra l'aggressività collegata alla caccia, e al raggiungimento dell'obiettivo finale e l'equilibrio caratteriale e la docilità mista ad obbedienza che invece normalmente lo caratterizzano.

Per lo specifico fiuto, è impiegato anche per la caccia al tartufo.

Un tempo venivano impiegati per questa ricerca i maiali. Purtroppo però, essendo animali molto golosi, finivano quasi sempre per cibarsi di quello che trovavano. Il Bassotto è apparso da subito come il perfetto ricercatore dell'oro nero custodito tra gli arbusti e il fogliame.

Questo è dovuto anche al fatto che per la sua nota agilità e conformazione, può introdursi facilmente nelle fitte boscaglie senza alcun problema.

Tutto però deve passare sempre attraverso il gioco. Giocando possiamo far fare ai nostri fedeli cagnolini tutto quello che desideriamo che imparino.

I bravi allevatori in questo campo, spiegano sempre che si può iniziare con il fargli riportare una pallina precedentemente annusata e poi nascosta. Al ritorno il bassotto andrà premiato. Passo seguente sarà quello di sostituire la pallina con pezzettini di tartufo o con del pane bagnato con dell'olio al tartufo.

La pallina inizialmente, e poi i pezzetti di pane, andranno nascosti sempre più in fondo, fino a farlo con il terreno.

Il bassotto andrà sempre premiato al suo ritorno per il buon lavoro svolto.

Per poter andare a caccia di tartufi con il proprio bassotto è obbligatorio comunque possedere un patentino specifico rilasciato dal proprio comune di residenza.

COME FUNZIONA IL NASO

La continua comunicazione olfattiva presente nei cani, è una delle cose più importanti da prendere in considerazione quando si interagisce con loro.
Il fiuto che hanno è di un'incredibile precisione, nulla a che vedere con quello umano. L'impiego di molte razze canine nella ricerca di sostanze diverse, è da sempre alla base della collaborazione con gli uomini in differenti settori.
I Bassotti, da sempre allevati per la caccia, hanno la capacità di seguire qualunque percorso, sia sopra che sotto la terra, con ottimi risultati finali.
Si è portato avanti uno studio presso il Canine Enforcement Training Centre di Washington, per stabilire con esattezza la possibilità di ricreare uno strumento che si avvicinasse anche solo in parte al naso di un cane, purtroppo con scarsi successi. Il fiuto di un cane può ricoprire grandi distanze reagendo in maniera sempre diversa e con grande maestria nell'attività di ricerca. Non dimentichiamo che oltre all'olfatto il nostro

Bassotto possiede anche un paraolfatto che amplifica il suo raggio d'azione.

Le capacità olfattive del nostro amico a quattro zampe sono davvero incredibili. Nello stesso modo in cui la nostra mente, il nostro cervello, sono geneticamente predisposti per apprendere attraverso la forma del linguaggio verbale, questo accade anche per i cani, ma passando istintivamente e molto velocemente attraverso l'olfatto.

La maggior parte dell'apprendimento cerebrale del bassotto infatti, passa attraverso l'elaborazione e il riconoscimento degli odori. Non a caso il naso del cane viene chiamato con il linguaggio scientifico "tartufo".

Nello specifico le cellule olfattive presenti nel naso del nostro cucciolo sono quaranta volte più numerose di quelle dell'uomo, e i recettori olfattivi ammontano a circa duecentoventi milioni. Questo vuol dire che è in grado, se addestrato bene, di trovare qualunque tipologia di cosa, in relazione non soltanto alla caccia.

Scientificamente è provato che i cani con un muso più allungato rispetto alle altre razze siano molto più competenti nella ricerca, rispetto a quelli con un muso schiacciato.

TANA PER TUTTI!

Il nome della razza del Bassotto Dachshund, in origine datogli dai tedeschi per ricordare il Dachs, il tasso a cui questo cagnolino era solito essere addestrato per dar la caccia, fa di lui un precursore della "filosofia della tana".
Se addestrato molto bene un bassotto può dare davvero una grande risposta nella caccia al coniglio, anche perché è reputato il cane migliore per la riuscita. Il suo fiuto per il selvatico lo porta a trovare molto velocemente qualunque tipologia di tana e la sua conformazione fisica gli permette di addentrarsi in qualunque cunicolo. Inoltre, il bassotto è rinomato per il suo grande coraggio: di fronte ad una tana circondata da rovi, non esita ad entrare e a recuperare la sua preda.
Il Bassotto è un cane da caccia in tana e questo fa di lui è un esperto ricercatore.
Nel momento della presa, risulta essere di grande aiuto la sua dentatura molto più grande rispetto alla taglia, così come enorme e quasi sproporzionato appare sempre essere il suo indomito coraggio che, come abbiamo detto più volte, lo porta a confrontarsi e a

scontrarsi spesso con animali molto più grandi di lui. Questo istinto lo porta a volte ad avere incontri un po' critici anche con i cani di razze superiori, per peso e conformazione, che può incontrare durante la classica passeggiata al parco.

Capitolo 5

GIOCHIAMO!

L'IMPORTANZA DEL GIOCO

Per il nostro bassotto il gioco è di vitale importanza. Rappresenta sempre un'attività basilare sia nelle prime fasi della crescita, che nel suo sviluppo psico-sociale da adulto.
Così come lo è per noi esseri umani, anche per il cane giocare risulta essere un passatempo molto piacevole, e soprattutto utile, ad un lento e graduale adattamento ai luoghi in cui si viene a trovare.
Giocando capirà profondamente l'importanza della socializzazione, e imparerà a farlo oltre che con gli altri cani, anche con gli esseri umani.
L'apprendimento avviene quindi attraverso una prima via di rilassamento, supportata da un continuo scambio con il proprio padrone, che motivando il gioco e facendo in modo che sia continuo farà sì che il suo cucciolo apprenda quanto più possibile.
Attraverso il gioco passano tutte le esigenze del nostro amico a quattro zampe, dal bisogno di movimento ed esplorazione fino allo

scaricare lo stress accumulato durante periodi particolari.

Osservando l'evoluzione graduale del nostro bassotto ancora cucciolo, potremo notare già dal primo mese la sua naturale propensione al gioco.

Facendo attenzione alla sua crescita, e allo sviluppo delle caratteristiche che denotano la razza, noteremo che i primi segnali relativi alla dimensione ludica si riconosceranno già dallo scodinzolare, il piegare le zampe anteriori, e il mettersi in una posizione di allegra sudditanza.

Caratteristiche queste che si manifesteranno anche durante l'età adulta, spesse volte per monitorare i propri approcci strategici alle situazioni, anche di emergenza o difesa.

Attraverso il gioco il nostro bassotto imbastirà il primo legame profondo con il suo padrone e ricorderà sempre questa modalità come modo per riconnettersi in armonia.

Il gioco prevede un approccio fisico anche con gli altri cani e questo porta ad una crescita in sicurezza nei confronti dei propri simili.

Infatti, l'incontro scontro bonario tra cuccioli si risolve in una maniera sempre positiva perché vengono stabilite le linee di confine che se non riconosciute, portano ad un atteggiamento negativo e aggressivo.

Il ruolo di chi domina, in questo caso nel rapporto tra padrone e cucciolo, è quello che definisce anche la durata del gioco.

Fin dall'inizio dovremmo insegnare al nostro bassotto a mantenere un equilibrio continuo senza scatenarsi in maniera eccessiva, ma facendo del divertimento una regola di scoperta e comunicazione.

Il consiglio è quello di farlo giocare sempre in luoghi diversi, in modo da fargli sperimentare sempre nuove forme anche di aggregazione con altri cani.

FISCHIETTI, PELUCHE E PALLINA

@coco_bassotta

Il nostro bassotto potrà avere diverse preferenze, scegliendo di giocare da solo, così come farlo invece in nostra compagnia o di altri cani.
Se il suo gioco è in solitaria potremo vederlo all'aperto rincorrere animaletti o piccoli insetti, tracciando una perfetta simulazione di una battuta di caccia.
Se invece ci si troverà al chiuso e quindi in casa, la scelta ricadrà sempre su oggetti con cui farlo giocare che siano stati studiati appositamente per lui.
La maggior parte di questi sono fatti in gomma infrangibile senza il pericolo di essere tossici se masticati o ingeriti.
Il "bravo" padrone di un "bravo" bassotto sa che è importante variare spesso gli oggetti con cui far giocare il cucciolo.
Abbiamo a questo proposito una vasta gamma di palline, anelli di gomma, ossi specifici, ma anche oggetti per simulare un salto agli ostacoli e il tanto amato e divorato peluche.
Il fiuto del bassotto vuole però scoprire sempre nuovi orizzonti olfattivi mnemonici, quindi staremo ben attenti a non proporgli tutti insieme i giochini, ma lasciandogliene uno o al massimo due per volta in circolazione.

L'utilizzo del fiuto per un bassotto è quasi di vitale importanza. Se questa indole viene utilizzata ai fini del gioco lo porta a tranquillizzarsi e ad essere più calmo subito dopo perché naturalmente appagato.
Una regola da insegnargli potrebbe essere anche quella di collegare il gioco in nostra presenza a un determinato oggetto, da mettere poi da parte in nostra assenza. Questo darà al bassotto anche l'idea temporale dell'inizio del gioco e della sua fine.
Il gioco principe fra tutti resta sempre quello della pallina.
Anche perché l'utilizzo di questo oggetto porta il nostro amico a quattro zampe a ripetere l'azione di riporto, a cui dovremo dedicarci i primi tempi, momento molto importante per far crescere la sua totale fiducia nei nostri confronti. Quando il padrone lancia una pallina, chiedendo al suo cane di riportargliela, il risultato che otterremo è un grande atto di stima e fedeltà che il nostro animale ci dimostrerà; per i bassotti la regola del riporto è fondamentale. Per i Bassotti la regola del riporto è fondamentale.
Ci sono poi una serie di giochi che servono a stimolare l'attivazione mentale dei nostri amici.

Questi possono essere tranquillamente recuperati in casa (scatole e piccoli contenitori di plastica ad esempio) o acquistati in negozi specializzati. L'importante è che vengano sempre organizzati in un luogo tranquillo, dove il nostro bassotto possa esprimersi in assoluta libertà e sotto la nostra attenta osservazione.
Un'altra tipologia di gioco amata è sicuramente quella degli oggetti che suonano. Possono essere animali di gomma o altro, e quando vengono addentati emettono un fischio. Nel momento in cui noi lo avvertiamo possiamo decidere se interagire con lui oppure no. Unico inconveniente può essere il continuo addentare che porta ad una sinfonia quasi perenne! Come gli oggetti che trillano, anche il peluche ha un posto d'onore tra i giochi di questo cagnolino. Facciamo sempre attenzione però che si tratti di peluche creati specificatamente per cani, perché dal continuo mordicchiarli potrebbero uscire piccoli pezzetti, pericolosissimi se ingeriti.
L'importante è creare sempre una dimensione giocosa e anti-noia, per dare al nostro cane la possibilità di stemperare anche, qualche volta, lo stress quotidiano.

L'AIUTO DEL KONG

@pipposausagedog

Il Kong è un gioco per cani veramente interessante e ottimo per la sua versatilità.
Si può intendere sia come semplice momento ludico, che come strumento educativo.
È un piccolo aggeggio di gomma dura a forma di alveare, al cui interno è possibile nascondere del cibo.
Possono essere bocconcini, crocchette o altro e per fare in modo che queste prelibatezze vengano fuori, il nostro amico peloso dovrà fare di tutto per riuscirci, facendolo rimbalzare, rotolare, fino ad avere la sua ricompensa ludica.
Può essere utilizzato per molti scopi, da quello educativo fino alla stimolazione della ricerca di oggetti utilizzando il fiuto.
Alcune volte avere il suo Kong può essere associato ad una ricompensa, magari se lo abbiamo lasciato da solo per un po' di tempo e non ha fatto alcun danno.
Questo gioco è importante per diversi aspetti. Primo fra tutti stimola endorfine attraverso la continua masticazione, poi permette di avere cibo gratuitamente con un piccolo sforzo anche divertente, e infine annulla ogni tipo di stress a cui questi piccoli cagnolini vanno incontro caratterialmente.

Possiamo trovare in commercio vari tipi di Kong, ma è sempre meglio affidarsi a quelli originali, proprio per la buona riuscita del passatempo per il nostro cane.
Se abbiamo un cucciolo, sceglieremo allora per lui un Kong Puppy. Man mano che il peso del nostro bassotto lieviterà, ci proporremo di comprare un Kong sempre diverso e idoneo per lui.
Ricordiamoci anche il suo giusto utilizzo.
Di solito la varietà di giochi presenti in casa sarà di gran lunga superiore alle aspettative (è sempre così), quindi al Kong va dato risalto solo in determinate occasioni, durante le quali sarà possibile intrattenere il nostro bassotto.
Se dobbiamo assentarci per un tempo un po' più lungo e lasciarlo solo, sarà allora una buona abitudine fargliene trovare uno pronto e pieno di prelibatezze.
Se invece dobbiamo intraprendere un viaggio (in macchina soprattutto) piuttosto lungo, avere la distrazione del Kong sarà per il nostro piccolo amico una grande risorsa.
Tenerlo tranquillo in caso di necessità o semplicemente lasciarlo sfogare un po' prima della passeggiata che tarda ad arrivare. Il Kong è un grande alleato sia per il padrone che per il bassotto.

Capitolo 6

L'EDUCAZIONE

@oliviaecannella

RIPRODURRE I COMPORTAMENTI

Va fatta sempre una precisazione nel momento in cui si parla di educazione del proprio cucciolo.
Questa è ben diversa dall'addestramento.
Una volta arrivato in famiglia dovrà iniziare un percorso che lo porterà a socializzare e a convivere con la sua nuova realtà.
Le regole di un'educazione efficace saranno quelle che consentiranno al piccolo bassotto di trovare il proprio spazio nella quotidianità, senza invadere quello degli altri.
L'addestramento si differenzia dalla linea educativa per il semplice fatto che al cane vengono richieste determinate cose in funzione di un determinato obiettivo da raggiungere, come per la caccia in particolare.
È chiaro che un bassotto molto ben educato recepirà molto di più gli insegnamenti per un buon addestramento.
La cosa più importante resta comunque sempre quella del tirare una linea netta tra padrone e cane. Ognuno con il suo ruolo distinto, sempre.

Far capire ad un cucciolo determinate regole da rispettare, e quindi cercare da subito di educarlo, vuol dire sicuramente prendere ad esempio l'alternativa del gioco. Attraverso il gioco, e la fiducia che passa da cane a padrone e viceversa, si ottengono i migliori risultati sin dall'inizio.

Educare un cucciolo vuol dire prendere in esame le sue caratteristiche, l'indole e soprattutto il carattere, con cui il bravo padrone da subito deve entrare in connessione.

Abitueremo il nostro bassotto alla nostra voce, questo sarà il contatto basilare su cui si fonderà il nostro intento di educarlo. Attraverso le parole avverrà la prima comunicazione educativa. Queste parole saranno caratterizzate da un tono specifico, che cambierà a seconda del comando e dell'intenzione (potrebbe trattarsi anche di una correzione). Inoltre, nel momento in cui ci rivolgeremo al nostro cane per insegnargli qualcosa, lo faremo avendo una determinata postura e usando determinati gesti.

Di solito il cane presta attenzione più ai gesti e al tono delle parole che non al suono delle parole stesse e al loro significato.

Il nostro bassotto sarà subito in grado di collegare una posizione di apertura e di empatia come quella di inginocchiarsi alla sua altezza come benevola, mentre invece lo stare in piedi e usare una gesticolazione forte, accompagnata da un tono serio, lo farà ritornare sui suoi passi.
Ricordiamoci sempre che la ricompensa va sempre intesa in un unico modo, ossia come premio finale ad un comportamento corretto avuto dal nostro amico peloso.
All'inizio, ricompensare un cucciolo sarà una prassi importante, proprio per fare in modo che abbia memoria degli atteggiamenti giusti da ripetere e in molti casi da memorizzare.
L'importante è che questa ricompensa non diventi un'abitudine, ma sia sempre utilizzata in maniera giusta e ben dosata, per non confondere il cane.
Se il comportamento è stato scorretto dovremo fare attenzione ad attivare una punizione in un tempo vicino se non in contemporanea all'errore commesso, altrimenti il nostro bassotto non percepirà la realtà del rimprovero.
Non dimentichiamoci che questi teneri cagnolini possono scatenare in noi sentimenti di grande tenerezza anche di fronte ad una

"marachella". Non facciamoci ingannare, sono una tra le razze più furbe e intelligenti.
Sono anche molto testardi e questo a volte ne rende difficile anche l'addestramento.
Ogni bassotto però, se educato nella maniera giusta, può diventare docile e affettuoso e imperfettamente obbediente.

COMUNICARE CON IL CUORE

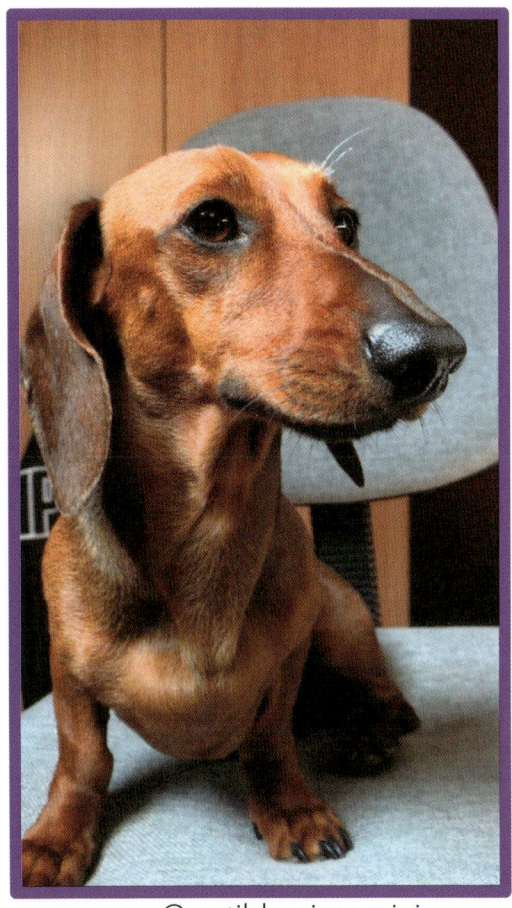

@matilda_simoncini

Due cose sono importanti quando si tratta di comunicare con il proprio bassotto, la prima è stabilire una connessione reale e valida (soprattutto non verbale), e la seconda è farlo con il cuore. La comunicazione passa anche attraverso la linea educativa.

Un cucciolo di bassotto inizierà ad essere reattivo dopo i quattro mesi di vita e cioè dopo essere stato allevato per i primi importanti mesi dalla madre all'interno della cucciolata, primo step di socializzazione per lui.

È basilare quindi, capire quali strategie utilizzare per fare in modo che il linguaggio condiviso non lasci insoddisfatto né il cane e né il suo padrone.

Uno studio molto approfondito portato avanti dal Dr. Stanley Coren, rivela una grande capacità di decodificare le espressioni del nostro viso da parte dei cani.

In particolare, il Bassotto è un acuto osservatore e riesce a leggere il nostro volto molto più velocemente di quanto possiamo immaginare.

Questo ci porta a parlare della prima comunicazione con il nostro amico a quattro zampe che viaggia sulle note della non verbalità. Sebbene il cane sia in grado di memorizzare circa 160 parole, quello che più mette in collegamento il padrone con il proprio bassotto è proprio il linguaggio senza suono.

Anche se è stato dimostrato che i cuccioli sono più attratti da voci dolci e femminili, quello che più conta in realtà è la posizione non verbale del nostro corpo.

Quando pensiamo che utilizzare la parola "No" possa portare dei vantaggi educativi importanti, di solito sbagliamo.

Il nostro bassotto imparerà molto più velocemente a non divorare le nostre pantofole se gli mostreremo come avere il comportamento giusto.

Urlare un rimprovero dopo che il fatto è stato commesso non ha alcuna valenza.

Quindi è bene scegliere la modalità più giusta e meno traumatica per fare capire al nostro cagnolino come vogliamo che lui si comporti in casa e nel mondo esterno.

I bassotti, come tutti i cani, comunicano con il corpo tutte quelle che sono le loro esigenze e le loro emozioni, quindi lo faranno attraverso le orecchie, la coda, gli occhi e la bocca.

L'affetto e la tenerezza che proviamo per loro devono sempre essere dosati nel modo giusto, per non rischiare di esagerare né da un lato, né dall'altro.
C'è poi un altro modo per comunicare in maniera ancora più diretta con il nostro cucciolo peloso: il guinzaglio.
Il guinzaglio è un filo diretto tra il nostro umore e quello del cane.
Se saremo attenti a dosare la nostra emotività, riusciremo a farci capire sempre nel modo migliore.
Durante la classica passeggiata avviene qualcosa di speciale tra noi e il nostro bassotto.
Essendo lui molto esperto nel riconoscere il nostro stato d'animo dalla modalità con cui utilizziamo il guinzaglio, ci farà capire di aver inteso completamente quello che vogliamo da lui semplicemente perché si sentirà tirare o meno a seconda delle situazioni.
Il nostro bassotto comprenderà molte delle nostre intenzioni durante il corso della vita a due.
Saprà riconoscere il momento in cui siamo stressati, emotivamente provati o felici e

condividerà con noi sempre tutte queste emozioni proprio perché è un cane fedele e profondamente sensibile.

Capitolo 7
LA FAMIGLIA SI ALLARGA

@brando_duchshund

Quando si decide di prendere un cane, nel nostro caso un bassotto, si fa una scelta unica, portando all'interno delle nostre vite un nuovo modo di intendere le giornate e la compagnia, per non parlare di tutto quello che da loro riceviamo e che non ha eguali alcune volte se paragonato al nostro comportamento umano. Si sa, il cane è davvero il migliore amico dell'uomo, e quando ad un amico se ne aggiunge un altro e poi un altro, la dimensione giocosa e potrei dire quasi da pet therapy che si viene a creare è un arricchimento unico. Soprattutto spirituale.

Avere più bassotti in casa è un'esperienza che mi sento di consigliare a tutti, forse perché la mia vita ha preso una piega d'amore completamente diversa e soprattutto concreta.

Vivere con Brando e Leopoldo, e ricordarmi che c'è anche Pippo, mi riempie le giornate di gioia senza che mi pesi nessuna delle cose che ci sono da fare per loro.

Voglio raccontare qui la mia storia, per un attimo eludendo la visione un po' più tecnica che ho cercato di dare nei capitoli e paragrafi precedenti.

Tutto è iniziato quando mia sorella Linda ha deciso di partire per un lungo viaggio lasciando noi della famiglia piuttosto sorpresi. Pur essendo sorelle abbiamo sempre avuto idee diverse in fatto di gusti per cani.

Io ho sempre avuto nel mio immaginario l'idea che un giorno avrei preso, adottato, comprato, mi sarei forse fatta regalare un cane grande, molto.

Linda invece ha sempre avuto le idee chiare sulla tipologia di razza: bassotti o niente!

Quando ci ha comunicato che il suo viaggio si stava realmente concretizzando, Dino, il mio patrigno, (anzi padre, perché è così che lo considero) ha fatto leva sull'unica cosa che potesse trattenerla: ha comprato un cane, un cucciolo meraviglioso di bassotto.

Nel momento in cui Pippo è entrato nelle nostre vite, la taglia canina a cui anelavo fin da bambina si è molto ridotta diventando l'esatta copia di quella meraviglia che aveva iniziato a girare per casa.

Linda non ha perso la passione per i viaggi ma io ho acquisito quella per i bassotti!

Quando mi sono trasferita a Bologna, ho scoperto che quello che più mi mancava non

era la mia adorata famiglia ma il muso adorabile di Pippo. La sua intelligenza, lo scodinzolare per farmi capire con quello sguardo attento che sapeva perfettamente cosa provassi per lui. Era amore!
Non avrei potuto più immaginare una vita senza bassotti trotterellanti per casa.
E così è accaduto.
Il primo cucciolo che abbiamo preso in allevamento è stato Brando, e poi ad allietare le nostre passeggiate è arrivato anche Leopoldo.
Ogni mattina quando mi sveglio (o meglio, mi svegliano), sono felicemente e fortemente convinta della scelta che ho fatto. Guardo le mie meraviglie e capisco quale stadio d'amore si può raggiungere per delle creaturine di questo tipo. E come lo capiscono!
Ogni volta che penso a mia sorella Linda, in cuor mio la ringrazio per la sua passione forte per i viaggi. Se non fosse stato per lei forse non avrei mai avuto il privilegio di confrontarmi con questa razza e oggi non mi sentirei una padrona imperfetta quale sono ma completamente convinta (e sicura) che tutto quello che faccio e che continuerò a fare sarà

solo la metà di quello che Brando e Leopoldo danno a me.
Un bassotto è davvero per sempre!

CONVIVENZA

@ophelia_and_oliver

Se avete deciso di prendere un secondo cane (un terzo poi verrà da sé con il tempo…) è il caso che facciate il punto su alcune questioni, che potremmo chiamare organizzative.

È naturale che due giochino meglio insieme rispetto ad uno. Si faranno grande compagnia e rallegreranno di più la casa, ma ci sono alcune regole che è bene rispettare, questo per fare in modo che non si creino conflitti tra il nuovo arrivato e chi vive già da un po' inserito nel contesto familiare.

Fra i cani il concetto di ruolo gerarchico è insito nell'equilibrio dei rapporti tra simili.

Due bassotti socializzano velocemente, se sono due femmine ancora di più, ma anche un maschio e una femmina. Se sono due maschi, e uno dei due ha già un carattere dominante, andranno riviste per un periodo le regole di comportamento.

Questi cagnolini però sono molto intelligenti e amano la compagnia, quindi in breve tempo, se il padrone sarà bravo nella fase di integrazione, si creerà un rapporto stabile ed armonioso.

Se il nuovo arrivato è un cucciolo, sarà ancora più facile l'inserimento all'interno del nucleo familiare già composto.
Questo perché attraverso il gioco sarà molto più facile che si crei accettazione da parte dell'adulto, che vedrà il piccolo come inizialmente sottomesso e quindi poco incline alla competizione iniziale dei ruoli.
Essendo il bassotto geneticamente un cane da caccia è risaputo che questa tipologia di razza predilige condividere la propria vita con cani della stessa provenienza.
In linea generale sarà bene adattare due tipologie di approccio differenziate i primi tempi.
Ognuno con la sua cuccia e le sue norme e con il proprio spazio ludico, saranno poi loro ad amalgamarsi.
Poi saranno loro ad amalgamarsi lentamente.
Un consiglio sul primo incontro.
Se abbiamo deciso di portare a casa un altro meraviglioso bassottino è bene far incontrare in un luogo "neutrale" i due futuri compagni di giochi.
Il bassotto è molto socievole, e presentargli tra l'erba di un bel prato il suo nuovo amico, sarà

psicologicamente meno traumatico che portarlo direttamente a casa nel suo territorio, quasi potremmo dire, senza alcun preavviso.

I due giocheranno tranquillamente, fino al momento in cui poi tutti insieme si tornerà a casa. Questo primo step potrebbe aiutare di molto la loro socializzazione. Avere un nuovo amico con cui condividere il tempo e lentamente anche tutti gli spazi, sarà vista come una gran fortuna. Nel momento in cui ci si renderà conto che la situazione è stabile, molti conflitti saranno stati così già superati.

Cerchiamo di dare comunque molta più attenzione al "senior" di casa, almeno i primi tempi, perché le gelosie potrebbero nascere per qualunque occasione.

Le dinamiche tra bassotti dovranno restare di assoluta pertinenza dei bassotti stessi, proprio per regolarizzare una convivenza tutta nuova.

Saremo i padroni di due cani e questo vuole da parte nostra all'inizio, una maggiore sensibilità. Sarà la convivenza, giorno dopo giorno, a stabilizzare, in maniera naturale l'andamento familiare. Poi le cose andranno per il meglio e la famiglia tutta nuova sarà una gioia continua.

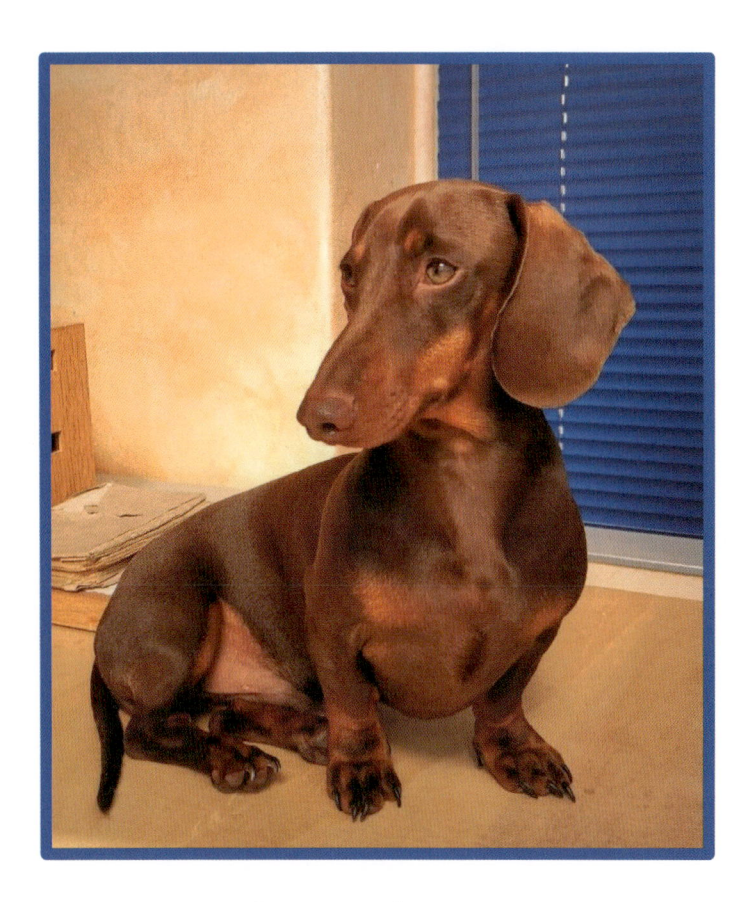

@giovanni_bassotto_

Frasi celebri da non dimenticare...

E l'antica amicizia, la gioia di essere cane e di essere uomo tramutata in un solo animale che cammina muovendo sei zampe e una coda intrisa di rugiada.

(Pablo Neruda)

Il mio piccolo cane – un battito di cuore ai miei piedi.

(Edith Wharton)

Il solo posto al mondo in cui si può incontrare un uomo degno di questo nome è lo sguardo di un cane.

(Romain Gary)

Uno crede di portare fuori il cane a fare pipì mezzogiorno e sera. Grave errore: sono i cani che ci invitano due volte al giorno alla meditazione.

(Daniel Pennac)

@maia_sven_isalsicciotti

La riconoscenza è una malattia del cane non trasmissibile all'uomo.

(Antoine Bernheim)

Signore, lasciami essere metà dell'uomo che il mio cane pensa io sia.

(Anonimo)

Chi non ha avuto un cane non sa cosa significhi essere amato.

(Arthur Schopenhauer)

I cuccioli sono il rimedio naturale alla sensazione di non essere amati… e per numerosi altri dolori della vita.

(Richard Allan Palm)

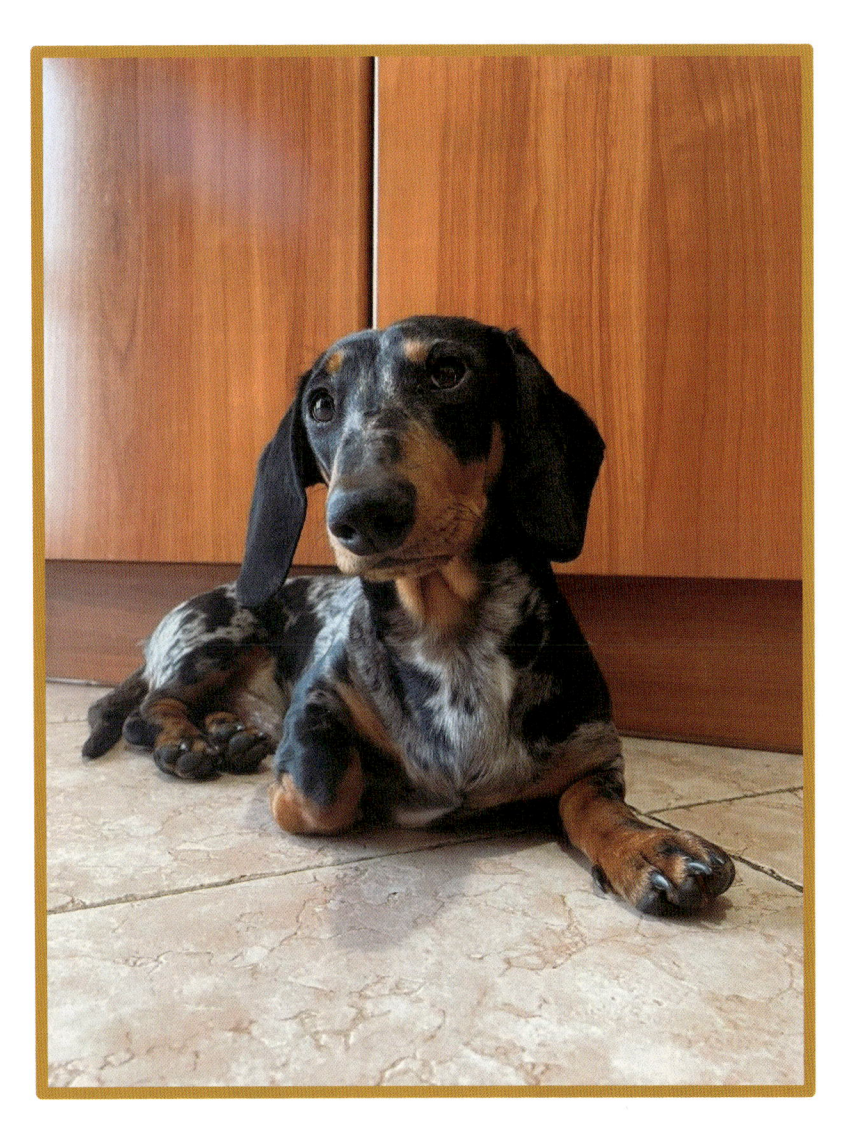

@pongo_thedappledachshund

È dolce sentire l'onesto abbaio del cane da guardia che ci lancia un profondo benvenuto quando ci avviciniamo a casa; è dolce sapere che c'è un occhio attento che cura il nostro ritorno e si illumina quando arriviamo.

(Lord Byron)

Un cane ha un unico obiettivo nella sua vita: donare il proprio cuore.

(J.R. Ackerley)

La creatura più affettuosa al mondo è un cane bagnato.

(Ambrose Bierce)

Un cane crede che tu sia quello che pensi di essere.

(Jane Swan)

@virginia_la_bassottina

La maggior parte dei cani non pensano di essere umani, lo sanno.

(Jane Swan)

Gli esseri umani trascorrono molto tempo tentando strenuamente di rendere la loro vita felice. Essi tendono a rifugiarsi nel loro piccolo mondo. Li confonde il fatto di non sapere di che cosa hanno bisogno e che cosa vogliono, e li coglie la depressione. I cani non hanno questo problema. Loro sanno esattamente che cosa li rende felici: fare qualcosa per qualcuno. Mettono in atto tutto quello che sono in grado di escogitare per compiacere i loro compagni umani, ed ogni segnale del fatto che hanno avuto successo li rende molto felici.

(John Richard Stephens)

@carlotta_the_sausage

Ringraziamenti

Ringrazio Linda, mia sorella, perché se non ci fosse stata lei probabilmente non avrei mai avuto a che fare con questa razza stupenda e non sarebbe esistito questo folle amore.
Enrico, il mio compagno, per il supporto morale e la forza di spingermi sempre un gradino più in alto.
Mia nonna Gina, per amarmi così tanto e credere sempre in tutto quello che faccio.
Le mie super amiche, Serena e Virginia, per aver realizzato le illustrazioni.
Fabiana, per la gentilezza e l'aiuto sostanziale alla redazione del libro.
E infine, ma non per importanza, tutti i nostri amici che hanno partecipato con le loro bellissime foto: Pippo, Pongo, Noè, maya, Sven, Carlotta, Giovanni, Olivia, Cannella, Cocò, Virginia, Ophelia e Oliver.
Grazie di cuore a tutti.

Indice

Prefazione. 8
Capitolo 1
Chi è il bassotto. Un po' di storia 11
Piccole curiosità storiche 15
I bassotti e il mondo dell'arte. Da Andy Warhol a Picasso 16
Origine del nome 20
Capitolo 2
Come sceglierlo. Le tre tipologie di statura 21
Pelo e colorazione 24
Carattere e temperamento 28
Capitolo 3
Il pedigree 33
Perché è importante 34
Assicurazione e piccoli infortuni 36
Tutelarsi dagli imprevisti 39
Capitolo 4
Tartufo Hunter 43
Storia di un vero cacciatore 44
Come funziona il naso 47
Tana per tutti 49
Capitolo 5
Giochiamo! 51
L'importanza del gioco 52
Fischietti, peluche e pallina 55
L'aiuto del Kong 59
Capitolo 6
L'educazione 62

Riprodurre i comportamenti 63
Comunicare con il cuore 67
Capitolo 7
La famiglia si allarga 72
Convivenza 77
Frasi celebri da non dimenticare 81
Ringraziamenti 89
Indice 90

Finito di stampare
in self publishing nel mese di
aprile 2021